AF240009

LES
DÉPUTÉS EXTRAORDINAIRES
DE
LA VILLE DE LILLE,
A
LA CONVENTION NATIONALE.

Extrait de la correspondance officielle de la Commune de LILLE, avec les Ministres et les Généraux de la République, avant, pendant, et après le bombardement de la ville de LILLE.

Lettre écrite à M. Roland, Ministre de l'Intérieur, par les Officiers Municipaux de Lille.

Le 9 septembre 1792, l'an 4e. de la Liberté.

MONSIEUR,

VOus verrez par le Procès-verbal que nous avons l'honneur de vous adresser des différentes pétitions qui ont été faites dans la journée d'hier, que le cours des choses devient d'un instant à l'autre plus inquiétant, et la disposition des esprits moins calme; nous espérons que vous en conclurez avec nous, que les secours que nous ne cessons de solliciter, tant en armes qu'en hommes et en munitions de guerre et de bouche, sont de la plus grande urgence.

Nos dernières dépêches de cette nuit vous ont informé des progrès de l'ennemi sur nos frontières; dans ce moment même, il est en force à nos portes et à moins de trois quarts de lieue de Lille; différens détachemens de la garnison y ont couru avec du canon, et nous ne savons pas encore quel sera le succès du combat, quoiqu'il ait déjà duré depuis plus de trois heures: mais quoiqu'il en soit, il ne peut que vous convaincre, Monsieur, de la nécessité absolue de garnir cette clef du Royaume de vingt à vingt-cinq mille hommes, pour la mettre à couvert des attaques de l'ennemi, et de le débusquer des postes dont il s'empare chaque jour dans les environs.

LES OFFICIERS MUNICIPAUX DE LA
COMMUNE DE LILLE.

Lettre de M. Roland aux Officiers Municipaux de la ville de Lille.

Le 15 septembre 1792.

Les gémissemens continuels que vous poussez, Messieurs, sont fatigans. Le Ministre de la Guerre m'assure que vous êtes approvisionnés en munitions, en hommes et en vivres, de manière à résister à des forces bien autrement imposantes, que celles dont vous êtes menacés. Vous demandez des armes, mais à quoi serviroient donc es places, s'il falloit toujours les défendre par des camps? Votre place défioit les Potentats du Nord, lorsqu'elle n'avoit que des satellites du despotisme dans ses murs ; et elle trembleroit aujourd'hui qu'elle est défendue par des Soldats de la Liberté. Cessez, Messieurs, cessez des plaintes pusillanimes et déshonorantes ; ayez la noble fermeté de vous ensévelir sous les ruines de vos Fortifications ; que nos ennemis connoissent ce généreux dévoûment, et vous les ferez fuir.

Ils n'inondent votre territoire, ils ne vous harcèlent que parce qu'ils espèrent encore trouver des traîtres ou des lâches. Voilà, Messieurs, ce que mon ame opprimée par défaut de courage doit vous dire. J'ajouterai cependant, pour exciter votre confiance, que, si des dangers pressans vous environnoient, on volera de toutes part. pour combattre et détruire vos assaillans.

Le Ministre de l'Intérieur, *Signé* ROLAND.

Lettre des Officiers Municipaux de la Commune de Lille à M. Roland, Ministre de l'Intérieur.

Lille, le 19 septembre 1792.

MONSIEUR,

Le style et le ton de votre lettre du 15 de ce mois, nous imposent le devoir inflexible d'y répondre, sous peine d'avouer par notre silence que nous méritons les qualifications infamantes de traîtres et de lâches. Nous allons le faire avec cette noble et franche fermeté, que des hommes libres ne doivent perdre qu'avec la dernière goutte de leur sang, versé pour la défense de la Patrie et de l'Egalité.

Nous vous avons rendu avec exactitude les comptes de notre situation ; nous vous avons sollicité avec es plus vives instances, réitérées à mesure de l'urgence des besoins impérieux, de nous mettre en état de faire agir efficacement notre zèle et notre courage, ainsi que celui de nos Concitoyens, afin que nos efforts ne fussent pas perdus pour la chose publique. A tout cela, Monsieur, vous répondez le 15 de ce mois, que les *gémissemens continuels que nous poussons*, *sont fatigans*; que le Ministre de la guerre vous assure que nous sommes approvisionnés en munitions, en hommes et en vivres, de manière à resister à des forces bien autrement imposantes *que celles dont nous sommes menacés.*

Nous ne nous permettrons pas de douter que le Ministre de la guerre ne vous ait donné l'assurance, dont vous nous parlez au sujet de nos approvisionnemens; mais nous oserons lui dire, ainsi qu'à vous, Monsieur, que les comptes à lui rendus sur cet objet, sont d'une fausseté notoire, constatée par les rapports de nos Généraux, qui n'ont cessé de demander toutes sortes d'approvisionemens dont notre placé avoit besoin.

Et vous traitez nos sollicitations réitérées, de gémissemens fatigans que nous poussons continuellement ! Ainsi donc nos Généraux poussent aussi continuellement des gémissemens fatigans, car ils ne cessent de demander des forces..... des forces...,.. et puis encore des forces..... non parce que nous sommes menacés, mais parce que l'ennemi, après s'être emparé et avoir ravagé environ vingt lieues de notre territoire, est à nos portes.

Vous paroissez étonné que nous réclamions des armes, et vous vous écriez avec le ton et les expressions de l'indignation.

« A quoi serviroient donc les places, s'il falloit
» toujours les défendre par ces camps? Votre
» place défioit les Potentats du Nord, lorsqu'elle
» n'avoit que des satellites du despotisme dans
» ses murs, et elle trembleroit aujourd'hui qu'elle
» est défendue par les Soldats de la Liberté. »

Monsieur, il ne nous appartient pas de décider s'il faut ou non toujours des camps pour défendre des places; mais nous pouvons dire avec vérité que nos Généraux ont unanimement pensé qu'il falloit un nombre suffisant de troupes dans une place, quelle que fût sa force, non - seulement afin de pouvoir soutenir avec succès les attaques des ennemis, qu'il est impossible de repousser avec une poignée de soldats, mais encore pour se mettre en état d'en purger absolument la terre de la liberté qu'ils ont souillée, sans attendre leurs attaques.

Les habitans de notre ville, les soldats-citoyens en petit nombre qu'elle renferme, ne tremblent pas; il en sont incapables, soyez-en bien convaincu; mais ils veulent verser leur sang avec utilité pour la patrie, et leur desir seroit vain, leur but seroit manqué, si on nous laissoit en l'état actuel des choses; vous n'y croyez pas, monsieur, à en juger par ces autres expressions de votre lettre,

» Cessez, Messieurs, *des plaintes pusillanimes*
» *et déshonorantes*; ayez la noble fermeté de vous
» ensevelir sous les ruines de vos fortifications,
» que nos ennemis connoissent ce généreux dé-
» vouement, et vous les ferez fuir, ils n'inondent
» votre territoire, ils ne vous harcèlent, que parce
» qu'ils espèrent encore trouver des traîtres ou
» des lâches ! ».

Notre cœur a bondi à la lecture de ce passage,
il se soulève encore en le transcrivant, et c'est
à des Français, à des hommes libres, à de braves
citoyens, que vous vous permettez de tenir un
pareil langage! non, Monsieur, non, il n'est pas
de vous, c'est à coup sûr celui d'un de vos commis;
car vous êtes connu pour très-éloigné de penser
aussi défavorablement de vos concitoyens, sans
les connoître.

Quoiqu'il en soit, nous nous garderons bien de
descendre ici jusques à la justification ; forts de
la pureté de nos intentions et de notre amour
inviolable pour la Nation, pour la Liberté, pour
l'Égalité; forts encore de ces sentimens dont brûlent
tous nos concitoyens, nous nous bornerons à vous
prier instamment d'ordonner à vos commis, de
mesurer désormais leurs expressions, et de n'en
jamais employer vis-à-vis de nous, d'aussi déplacées.

Soyez en outre bien convaincu, Monsieur, que
nos ennemis et l'Europe entière, apprendront que
les Lillois sont dignes d'être libres, et ne perdez
jamais de vue ce que nos généraux répètent sans
cesse, avec vérité, comme avec raison, que le
courage produit bien des actions d'éclat, mais
qu'il faut les continuer pour vaincre complétement;

à quoi il est démonstrativement impossible de parvenir, sans un nombre suffisant de combattans.

Voila ce que notre cœur opprimé par votre langage, voilà ce qu'une noble fermeté nous forcent impérieusement de vous dire; nous nous le devions; nous y étions tenus par nos concitoyens outragés, et nous ne pouvions nous en dispenser envers nos généraux, qui méritent à si juste titre toute notre confiance, sur la conduite desquels retombe cruellement la critique non méritée que l'on s'est permise de la nôtre, dans vos bureaux.

LES MAIRE ET OFFICIERS-MUNICIPAUX
DE LA VILLE DE LILLE.

Certifié conforme aux originaux déposés au greffe de la commune de Lille.

THÉRY FALLIGAN, MOREAU,
Députés extraordinaires de Lille.

De l'Im. de la citoyenne TREMBLAY, rue Aubri-le-Boucher, n°. 43, près celle Quincampoix.

PROJET DE LOI,

Relatif à une demande de la commune de Vone, district de Vouziers, département des Ardennes, pour obtenir une somme de 772,623 liv., pour indemnité des dommages & pertes occasionnés par l'invasion des ennemis & des émigrés sur son territoire, & notamment par l'incendie du 24 septembre dernier,

PRÉSENTÉ

Par F. R. A. MALLARMÉ, Député du Département de la Meurthe.

La Convention nationale, après avoir entendu son comité des finances, sur la pétition de la commune de Vone, district de Vouziers, département des Ardennes, à l'effet d'obtenir une indemnité, pour raifon de l'invafion des ennemis, & de l'incendie général qu'elle a.éprouvé, de la part des émigrés, le 24 feptembre dernier, les pertes & dommages eftimés à 772,623 livres, ainfi qu'il réfulte du procès-verbal eftimatif, dreffé pardevant les commiffaires du département des Ardennes, le 9 octobre dernier, d'après l'opinion du département des Ardennes, & l'avis du miniftre de l'intérieur, décrète qu'il fera accordé à ladite commune de Vone une fomme de deux cent mille livres, qui fera mife, par la tréforerie nationale, à la difpofition du miniftre de l'intérieur, pour être par lui diftribuée aux citoyens de Vone, dénommés audit procès-verbal eftimatif, conformément à la loi du 8 du mois d'octobre dernier, & particulièrement aux laboureurs, fermiers, cultivateurs, aux femmes des citoyens qui ont été enlevés par l'ennemi, proportionnellement au nombre des enfans reftés à la charge des mères, aux domeftiques & fervantes des cultivateurs, qui ont perdu tous leurs effets, & finalement aux citoyens les moins aifés; ladite fomme de deux cent mille livres n'étant accordée que provifoirement, en attendant que la règle de répartition des fecours entre les individus, que le comité des fecours eft chargé de préfenter à la Convention nationale, par la loi du 8 octobre, ait été fixée.

DE L'IMPRIMERIE NATIONALE.

DISCOURS

PRONONCÉ

PAR LE GÉNÉRAL DUMOURIEZ

A LA CONVENTION NATIONALE,

Le 12 octobre 1792, l'an 1er. de la République.

IMPRIMÉ PAR ORDRE DE LA CONVENTION NATIONALE.

CITOYENS LÉGISLATEURS,

LA liberté triomphe par-tout : guidée par la philo-sophie, elle parcourra l'univers, elle s'asseoira sur tous les trônes, après avoir écrasé le despotisme, après avoir éclairé les peuples. Les lois constitutionnelles auxquelles vous allez travailler feront la base du bon-heur & de la fraternité des nations. Cette guerre-ci fera la dernière; & les tyrans & les privilégiés, trom-pés dans leurs criminels calculs feront les seules vic-times de cette lute du pouvoir arbitraire contre la raison.

Militaire.

L'armée, dont la confiance de la nation m'avoit donné la conduite, a bien mérité de la patrie; réduite, lorsque je l'ai jointe le 28 août, à dix-sept mille hommes, désorganisée par des traîtres que le châtiment & la honte pourfuivent par-tout, elle n'a été effrayée ni du nombre, ni de la difcipline, ni des menaces, ni de la barbarie, ni des premiers fuccès de quatre-vingt mille fatellites du défpotifme. Les défilés de la forêt d'Argone ont été les Thermopiles où cette poignée de foldats de la liberté a préfenté pendant quinze jours à cette formidable armée une réfiftance impofante. Plus heureux que les Spartiates, nous avons été fecourus par deux armées animées du même efprit que nous ; nous nous fommes rejoints dans le camp inexpugnable de Sainte-Menchould. Les ennemis, au défefpoir, ont voulu tenter une attaque, qui ajoute une victoire à la carrière militaire de mon collègue & mon ami Kellermann.

Dans le camp de Sainte-Menehould, les foldats de la liberté ont déployé d'autres vertus militaires, ans lefquelles le courage même peut être nuiffble ; la confiance en leurs chefs, l'obéiffance, la patience, & la perfévérance. Cette partie de l'empire français préfente un fol aride, fans eau & fans bois. Les Allemands s'en fouviendront ; leur fang impur fécondera peut-être cette terre ingrate qui en eft abreuvée. La faifon étoit très-pluvieufe & très-froide : nos foldats étoient mal habillés, fans paille pour fe coucher, fans couvertures, quelquefois deux jours fans pain, parce que la pofition de l'ennemi obligeoit les convois à de longs détours par des chemins de traverfe, trèsmauvais en tout temps, & gâtés par les pluies continuelles ; car je dois rendre juftice aux régiffeurs des vivres & de fourrages, qui, malgré tous les obftacles des mauvais chemins, de la faifon pluvieufe, des mouvemens imprévus, ou que j'étois obligé de cacher, ont entretenu l'abondance, autant qu'il leur a été possible ; & je suis bien aise de publier que c'est à leurs soins qu'on doit la bonne santé du soldat. Jamais je ne les ai vus murmurer : les chants & la joie auroient fait prendre ce camp terrible pour un de ces camps de plaisance, où le luxe des rois rassembloit autrefois des automates enrégimentés, pour l'amusement de leurs maîtresses ou de leurs enfans.

L'espoir de vaincre soutenoit les soldats de la liberté : leurs fatigues, leurs privations ont été récompensées : l'ennemi a succombé sous la faim, la misère & les maladies. Cette armée formidable fuit, diminuée de moitié. Les cadavres & les chevaux morts jalonnent sa route. Kellermann les poursuit avec plus de quarante mille hommes, pendant qu'avec un pareil nombre je marche au secours du département du Nord & des malheureux & estimables Belges & Liégeois.

Je ne suis venu passer quatre jours ici que pour arranger avec le Conseil les détails de cette campagne d'hiver. J'en profite pour vous présenter mes hommages. Je ne vous ferai point de nouveaux sermens. Je me montrerai digne de commander aux enfans de la liberté, & de soutenir les lois que le peuple souverain va se faire à lui même par votre organe.

Le Général d'armée commandant en chef.

Signé, DUMOURIEZ.

RÉPONSE DU PRÉSIDENT.

CITOYEN GÉNÉRAL,

L'accueil que vous avez reçu de la Convention nationale exprime, beaucoup mieux que je ne pouvois faire, la fatisfaction de vos fervices & l'opinion qu'elle a conçue de vous.

Continuez, citoyen général, à diriger le zèle & le courage de nos armées républicaines ; continuez à conduire ces braves foldats de la liberté & de l'égalité, vos frères d'armes, dans le chemin de l'honneur & de la victoire ; continuez à bien fervir la patrie, & vous acquérerez de nouveaux droits à l'eftime & à la reconnoiffance de la République.

La Convention nationale vous invite & vos frères d'armes à la féance.

DE L'IMPRIMERIE NATIONALE.